21. Octobre 1758.

RÉGLEMENT

En interprétation de celui du 13 août 1757, concernant les Milices Garde-côtes de la province de Guyenne.

Du 21 Octobre 1758.

A PARIS,

DE L'IMPRIMERIE ROYALE.

M. DCCLVIII.

21. Octobre 1758 480.

RÉGLEMENT

En interprétation de celui du 13 août 1757, concernant les Milices Garde-côtes de la province de Guyenne.

Du 21 Octobre 1758.

DE PAR LE ROI.

SA MAJESTÉ ayant jugé à propos, par son ordonnance du 5 juin de l'année dernière, d'établir une nouvelle forme dans le service des Milices Garde-côtes des provinces de Picardie, Normandie, Poitou, Aunis, Saintonge & Guyenne; & s'étant réservé de fixer par des règlemens particuliers la division des Capitaineries de chacune desdites provinces, le nombre & la force des compagnies détachées dont elles seront composées, les lieux d'assemblée, tant pour les revûes particulières desdites compagnies, que pour les revûes générales; la manière de faire les remplacemens annuels pour compléter lesdites compagnies détachées, les appointemens & la solde des Officiers & Soldats Garde-côtes, Elle auroit, par un premier règlement du 13 août ſuivant, pour la province de Guyenne, réglé une partie de ces objets: Mais étant ſurvenu depuis des changemens à faire, ſoit pour le nombre & la diviſion des Capitaineries, ſoit pour la manière dont elles doivent faire le ſervice, Sa Majeſté a ordonné ce qui ſuit, en interprétation dudit règlement.

ARTICLE PREMIER.

AU lieu de cinq Capitaineries Garde-côtes, fixées dans la province de Guyenne par le règlement du 13 août 1757, il y en aura à l'avenir ſix; ſavoir, celle de Blaye, de Moron, d'Entre-deux-mers ſur Dordogne & Garonne, de la Marque, de Soulac, & de la Tête-de-Buch, conformément à l'état & diviſion qui ſera joint au préſent règlement.

II.

CHACUNE des Capitaineries de Blaye & de Moron, ſera compoſée de trois compagnies détachées; les Capitaineries d'Entre-deux-mers ſur Dordogne & Garonne, & de la Marque, ſeront compoſées chacune de ſix compagnies; celle de Soulac le ſera de quatre, & celle de la Tête-de-Buch de trois.

III.

CHAQUE compagnie détachée, ſera commandée par un Capitaine & deux Lieutenans, & compoſée de quatre Sergens, quatre Caporaux, quatre Anſpeſſades, deux Tambours & quatre-vingt-ſix Fuſiliers, dont vingt-cinq Canonniers; leſdites compagnies porteront les noms des villages où elles doivent être aſſemblées, & pourront être portées en temps de guerre à cent vingt hommes au plus, ſuivant qu'il ſera jugé néceſſaire par le Gouverneur ou Commandant général dans la province, qui ne pourra néanmoins ordonner cette augmentation qu'après en avoir reçû l'ordre de Sa Majeſté par le Secrétaire d'État ayant le département de la Marine.

IV.

LE ſervice des Sergens, Caporaux, Anſpeſſades, Tambours &

& Fusiliers des compagnies détachées, ayant été fixé par l'article XXV de l'ordonnance du 5 juin 1757, à six années; & ayant été, en vertu des ordres du Roi, procédé par la voie du sort, dans les mois de mars & avril derniers, à une nouvelle composition des compagnies détachées, à laquelle ont contribué les paroisses spécifiées dans l'état contenant la division & l'étendue des Capitaineries Garde-côtes de la province; l'intention de Sa Majesté est qu'il ne soit fait jusqu'en 1760 que les remplacemens nécessaires pour les compléter; qu'en conséquence, le premier sixième desdites compagnies soit licencié en ladite année 1760, & les autres cinq sixièmes successivement d'année en année, pour les remplacemens en être faits à mesure desdits licenciemens.

V.

CEUX des Miliciens choisis en 1756, & ayant fait le service, & qui sont entrés dans la nouvelle composition des compagnies détachées, seront les premiers licenciés; & à l'égard desdits Miliciens qui entreront par la suite dans lesdites compagnies, il leur sera également tenu compte des deux années de service qu'ils ont déjà remplies.

VI.

ON choisira dans le nombre des Tambours des compagnies détachées de chaque capitainerie, celui qui aura été le mieux instruit à la batterie de l'ordonnance, il aura le titre de Tambour-major de la capitainerie, & il sera chargé d'exercer ceux desdites compagnies, sans cesser néanmoins de servir comme Tambour dans celle où il est employé.

VII.

LES états de remplacemens nécessaires pour compléter les compagnies, seront constatés tous les ans dans le courant du mois de mars, par une revûe que fera le Capitaine général, en présence de l'Inspecteur général; & ledit Capitaine général adressera lesdits états, visés par l'Inspecteur, à l'Intendant de la généralité, pour être enſuite procédé au remplacement par ledit ſieur Intendant ou les ſubdélégués qu'il jugera à propos de commettre.

VIII.

L'INSPECTEUR général indiquera à l'avance au Capitaine général de la capitainerie, le jour qu'il aura fixé pour ladite revûe, qui ſe fera, autant qu'il ſera poſſible, un jour de fête ou de dimanche, lequel ſera auſſi-tôt annoncé & publié dans toutes les paroiſſes de la capitainerie, afin qu'aucun habitant n'en prétende cauſe d'ignorance.

IX.

L'INTENDANT de la généralité expédiera ſeul les congés abſolus aux Soldats Garde-côtes des compagnies détachées, ſoit lorſque le temps du licenciement limité par l'ordonnance ſera expiré, ſoit lorſque l'Inſpecteur, les Capitaines généraux ou Capitaines des compagnies détachées demanderont le renvoi d'un Soldat Garde-côte, ſous prétexte quil n'eſt pas en état de ſervir: Entend Sa Majeſté, que toutes les plaintes qui pourroient ſurvenir pour raiſon des licenciemens, ſoient portées audit ſieur Intendant, pour y être ſtatué ſuivant l'exigence des cas.

X.

LES remplacemens ſeront faits à la charge de la totalité des paroiſſes affectées à la compoſition de chaque compagnie détachée, ſans qu'aucune autre paroiſſe des autres compagnies ſoit tenue d'y contribuer.

XI.

ENTEND Sa Majeſté, qu'indépendamment de l'exemption du guet & garde ſur la côte, attribuée par l'article XXII de l'ordonnance du 5 juin 1757, aux Syndics des paroiſſes & collecteurs des impoſitions royales, les mêmes exemptions qui ont lieu pour le ſervice des Milices dans l'intérieur du royaume, ſoient accordées pour celui des compagnies détachées de Milices Garde-côtes; & que toutes les conteſtations qui pourroient naître pour raiſon deſdites exemptions, ſoient décidées par l'Intendant de la province.

XII.

On choiſira par préférence, pour compléter les compagnies détachées, les garçons, depuis l'âge de ſeize ans juſqu'à quarante, de la hauteur de cinq pieds au moins, & les plus propres au ſervice; & à défaut de garçons, les hommes mariés y ſeront employés juſqu'à l'âge de quarante ans.

XIII.

Les Capitaines généraux, chacun dans leur capitainerie, ſe feront remettre à l'avance, par le Capitaine général du guet, des rôles exacts & détaillés de tous les habitans des paroiſſes qui compoſent leſdites compagnies du guet, & les ſubdélégués dreſſeront pareillement les rôles des habitans deſdites paroiſſes.

XIV.

Le Capitaine de chaque paroiſſe conduira au lieu d'aſſemblée, pour le remplacement, tous les habitans compris au rôle qui aura été remis au Capitaine général, ſans qu'aucun des habitans puiſſe en être diſpenſé, ſi ce n'eſt dans le cas de maladie, que le Capitaine ſera tenu alors de juſtifier par un certificat, à peine, contre les habitans qui en auront fourni de faux, d'être punis de quinze jours de priſon, & de ſervir ſix ans de plus dans la compagnie détachée où ils ſont employés.

XV.

Lorsqu'il aura été pourvû aux remplacemens par l'Intendant ou les ſubdélégués qu'il aura jugé à propos de commettre, ledit ſieur Intendant enverra à chaque Capitaine général un état des hommes qui auront tombé au ſort & devront compléter chaque compagnie détachée, ledit état contenant leurs noms, ſurnoms, celui de leur paroiſſe, leur âge & leur ſignalement; le Capitaine général en enverra des extraits aux Capitaines de chaque compagnie détachée.

XVI.

LE Capitaine général du guet, ou en ſon abſence, le Lieutenant du guet fera conduire par le Capitaine de chaque paroiſſe, & aſſembler aux jours & lieux qui lui ſeront indiqués par le Capitaine général de la capitainerie, tous les hommes qui devront compléter leſdites compagnies, ſuivant l'état qui lui en ſera envoyé par ledit Capitaine général, leſquels ſeront auſſi-tôt ſignalés & enregiſtrés par le Major ou l'Aide-major de la capitainerie qui aura, à cet effet, un regiſtre pour y porter les noms, ſignalemens & demeure des habitans qui compoſent les compagnies détachées, avec la date de leur entrée dans leſdites compagnies.

XVII.

L'INTENTION de Sa Majeſté eſt, que pour dédommager les ſubdélégués des dépenſes & des peines que les opérations à faire pour le tirage au ſort pour les remplacemens dans les compagnies détachées, leur occaſionneront, il leur ſoit payé par les paroiſſes ou communautés trois livres pour chaque Milicien tombé au ſort pour les remplacemens.

XVIII.

LES compagnies détachées ſe raſſembleront par compagnies, le premier & le troiſième dimanche des mois de mars, avril, mai & juin, dans le chef-lieu noté, & le Capitaine & les Lieutenans auront ſoin de les y inſtruire au maniement des armes & évolutions militaires, le Capitaine général, le Major & l'Aide-major de chaque capitainerie aſſiſteront enſemble ou ſéparément auxdites revûes particulières, de manière que dans le courant de l'année chacun d'eux ait été préſent au moins une fois à l'une des revûes d'exercice de chaque compagnie détachée; & le Capitaine général rendra compte deſdites revûes particulières au Secrétaire d'État ayant le département de la Marine.

XIX.

VEUT Sa Majeſté, que pour dédommager les Officiers de

de l'État-major des capitaineries Garde-côtes, des dépenſes qu'ils ſont obligés de faire à l'occaſion de leur ſervice, il leur ſoit payé par année; ſavoir, à l'Inſpecteur général trois mille livres, à chacun des Capitaines généraux des capitaineries de Blaye, de Moron, d'Entre-deux-Mers ſur Dordogne & Garonne, de la Marque & de Soulac, ſix cens livres; à chacun des Majors quatre cens vingt livres, & aux Aides-majors trois cens ſoixante livres; au Capitaine général de la capitainerie de la Tête-de-Buch, neuf cens livres; au Major ſix cens livres, à l'Aide-major cinq cens livres, & au Commandant de la compagnie du pays de Born, pareillement cinq cens livres.

XX.

INDÉPENDAMMENT de la revûe fixée au mois de mars par l'article VII ci-deſſus, l'Inſpecteur général fera chaque année deux revûes générales, où les compagnies détachées de chaque capitainerie ſeront formées en corps & raſſemblées pendant huit jours, la première ſera fixée par ledit Inſpecteur général dans le courant du mois de mai, & la ſeconde dans le courant du mois d'août; & ledit Inſpecteur général aura ſoin d'envoyer un extrait deſdites revûes au Secrétaire d'État ayant le département de la Marine.

XXI.

VEUT Sa Majeſté, que pendant les huit jours que chacune deſdites revûes générales durera, & que les compagnies détachées de chaque capitainerie ſeront aſſemblées en corps, la ſolde ſoit payée auxdites compagnies détachées, à raiſon, pour chaque jour, de ſix livres aux Capitaines généraux, de quatre livres aux Majors, de trois livres aux Aides-majors & aux Capitaines des compagnies détachées, de vingt-cinq ſols aux Lieutenans deſdites compagnies, de dix ſols aux Sergens, de ſept ſols ſix deniers aux Caporaux, de ſix ſols ſix deniers aux Anſpeſſades, Tambours & Canonniers, & de cinq ſols ſix deniers aux Fuſiliers.

XXII.

TOUT Soldat Garde-côtes qui, ſans excuſe légitime, ne ſe trouvera point aux revûes générales & particulières, ſera puni d'un jour de priſon par le Capitaine général, & s'il étoit dans le cas de ſubir une punition plus ſévère, ledit Capitaine général en informera le Commandant général de la province, & en ſon abſence, l'Inſpecteur général qui en rendra compte au Secrétaire d'État ayant le département de la Marine.

XXIII.

SA MAJESTÉ ayant preſcrit par l'article XXXVI de ſon ordonnance du 5 juin 1757, l'uniforme des Milices Garde-côtes deſdites compagnies détachées, Elle entend qu'il ſoit fourni tous les ſix ans un juſtaucorps & un chapeau uniforme à chaque Soldat deſdites compagnies détachées, par les ſoins & ſur les ordres de l'Intendant de la province, qui fera pourvoir à la dépenſe dudit habillement ſur les fonds qui y ſeront deſtinés.

Défend expreſſément Sa Majeſté auxdits Soldats Garde-côtes de ſe ſervir dudit habillement uniforme hors les temps où ils ſeront commandés pour le ſervice.

XXIV.

IL ſera accordé ſix livres de gratification aux Sergens des compagnies détachées, qui ſe ſeront utilement appliqués à l'inſtruction des Soldats deſdites compagnies; & une pareille gratification de ſix livres par an au Tambour-major de chaque Capitainerie.

Il ſera auſſi payé trois livres par an à chaque Tambour pour l'entretien de ſa caiſſe.

XXV.

LES états des appointemens des Officiers de l'État-major, réglés par les articles XIX & XXI ci-deſſus, & ceux de la ſolde des compagnies détachées, ainſi que de toutes les autres dépenſes relatives auxdites compagnies, qui ſe trouvent énoncées au préſent règlement, ſeront arrêtés par l'Intendant de la province, & payés par ceux qu'il commettra à cet effet; & lesdits états, ensemble les comptes des payemens qui auront été faits sur iceux, seront envoyés tous les ans par ledit sieur Intendant au Secrétaire d'État ayant le département de la Marine.

XXVI.

LES armes & gibernes qui ont été fournies aux compagnies détachées, au lieu d'être déposées dans les magasins établis dans les lieux d'assemblée desdites compagnies, resteront, pendant le temps de la guerre seulement, entre les mains des Soldats desdites compagnies, nonobstant ce qui est porté par l'article XXXIII de l'ordonnance du 5 juin 1757, à laquelle Sa Majesté a dérogé à cet égard; & pour la conservation desdites armes, il sera distribué à chaque Soldat Garde-côtes desdites compagnies, un tournevis & un tirebourre dont il demeurera responsable, ainsi que du fusil, bayonnette, giberne & munitions qui lui auront été délivrés: il sera tenu d'avoir en tout temps dans sa giberne deux pierres de rechange & une pièce grasse.

XXVII.

SUR ce qui a été représenté à Sa Majesté, que les Milices Garde-côtes des compagnies du guet, qui ne sont assujéties à aucun service en temps de paix, ne doivent être employées pendant le temps de la guerre qu'à monter la garde aux corps-de-garde qui leur sont désignés, Elle entend que nonobstant ce qui est porté par l'article XLIV de son ordonnance du 5 juin 1757, qui leur enjoint de se fournir eux-mêmes de fusils & munitions, les paroisses soient seulement tenues de pourvoir chacun desdits corps-de-garde qui leur sont affectés, du nombre de fusils nécessaires pour la garde ordinaire desdites compagnies du guet, & du même calibre que ceux des compagnies détachées, & qu'ils y soient entretenus pendant le temps de la guerre, ainsi que la poudre, les balles, pierres de rechange, tirebourres, tournevis, proportionnément au nombre des Soldats desdites compagnies du guet, qui seront commandés pour le service à chacun desdits corps-de-garde.

XXVIII.

TOUS les fusils & autres effets appartenans au Roi, seront marqués du nom de chaque capitainerie & de celui de chaque compagnie, & d'un numéro depuis 1 jusqu'à 100; les caisses seront pareillement marquées, ainsi que les équipemens; le Capitaine général fera dresser tous les ans des états particuliers par compagnie, contenant le nom de chaque Soldat & le numéro du fusil & de l'équipement qui lui sera délivré; le Capitaine général enverra des doubles desdits états signés de lui à l'Intendant de la province.

XXIX.

LES Officiers, à peine d'en être responsables, auront une attention particulière à ce que lesdites armes & effets soient bien entretenus, & les réparations qui seront à y faire, seront à la charge des Soldats Garde-côtes, lorsqu'elles seront occasionnées par leur négligence; le Capitaine général s'en fera rendre compte exactement par les Capitaines, après chaque revûe particulière; & il enverra à l'Intendant de la province l'état desdites réparations, & les noms des Soldats dont les armes seront à réparer, pour qu'il y soit pourvû par ses ordres & à leurs frais.

XXX.

TOUS les corps-de-garde seront pourvûs d'un ratelier pour y poser les armes, d'un lit de camp, d'une table, d'un banc, d'un fanal & d'un chandelier de fer, & les bois & lumières y seront fournis, ainsi qu'il est d'usage pour les troupes de terre; l'état desdites fournitures & ustensiles sera affiché dans le corps-de-garde: ils seront consignés à ceux qui relèveront le poste; & en cas de dégradation, celui qui relèvera le poste en donnera avis dans le jour à l'Officier de garde sur la côte, ou au Capitaine de la compagnie, qui fera passer au Capitaine général un état où sera spécifiée la nature de ladite dégradation, & les noms des Soldats qui étoient de garde pendant qu'elle a été faite, afin de les obliger à la réparer à leurs frais.

XXXI.

L'INTENDANT fera désigner dans le village le plus à portée de la côte & du rendez-vous général, une chambre où l'Officier de garde pourra se tenir pendant le temps de son service, & les bois, lumières & ustensiles nécessaires lui seront fournis de la même manière & ainsi qu'il est réglé pour les corps-de-garde des Officiers des troupes de terre.

XXXII.

TOUS les Sergens, Caporaux, Anspessades, Fusiliers & Tambours des compagnies détachées, jouiront en temps de guerre seulement, de l'exemption personnelle de la corvée pour la construction & la réparation des grands chemins.

XXXIII.

LES Lieutenans des compagnies détachées, jouiront des mêmes priviléges & exemptions portés par l'article XII de l'ordonnance du 5 juin 1757.

XXXIV.

TOUT Aide-major commandera tous les Lieutenans, & ne pourra avoir rang & commission de Capitaine qu'après deux ans d'exercice d'Aide-major, conformément à l'article VI de l'ordonnance du 5 juin 1757.

XXXV.

LE Capitaine général de chaque Capitainerie, conjointement avec le Major & le Capitaine général du guet, fera une division des paroisses sujettes au guet & garde, proportionnée au nombre de corps-de-garde où les compagnies du guet devront monter la garde; & il aura attention à n'affecter à chaque corps-de-garde que les paroisses qui en seront le plus à portée, & de rendre compte de ladite division au Secrétaire d'État ayant le département de la Marine & au Commandant général dans la province.

XXXVI.

Le Capitaine général du guet, tiendra un rôle exact des compagnies du guet qui devront monter la garde aux postes, qui leur seront désignés, pour les faire relever successivement par d'autres, suivant l'état de contribution de chacune des paroisses qui y sont assujéties, en sorte que les habitans d'une paroisse qui auront fait le service du guet & garde, ne puissent être commandés qu'après que tous les hommes de la paroisse auront rempli le même service.

XXXVII.

Les Officiers des compagnies du guet, qui seront chargés de faire monter journellement les habitans aux postes qui leur seront indiqués, auront une attention particulière à ne jamais commander à la fois plusieurs hommes d'une même maison; & pour prévenir cet inconvénient, ils auront un rôle des habitans de leurs paroisses, où ils distingueront les pères des enfans & les maîtres des domestiques, en sorte qu'il n'y ait qu'un seul homme de chaque maison commandé le même jour pour le service.

XXXVIII.

Aucun Officier ni Sergent des compagnies du guet, ne pourra faire monter sa garde par un Soldat desdites compagnies, à peine d'être cassé, mis en prison & à la queue de la compagnie; mais lesdits Officiers & Sergens pourront, à grade égal, faire le service l'un pour l'autre lorsque leurs affaires personnelles l'exigeront, & ils en donneront avis au Capitaine général du guet ou à son Lieutenant, autant qu'il sera possible.

XXXIX.

Tout Soldat des compagnies du guet qui aura manqué, par mauvaise volonté, de se trouver au poste où il a été commandé pour monter la garde, sera tenu d'y servir deux jours de suite, & pourra être mis un jour en prison, suivant l'exigence des cas, dont il sera rendu compte au Capitaine général de la capitainerie, qui ordonnera à cet effet de l'y faire conduire par des Fusiliers de la compagnie détachée de la paroisse d'où sera le Soldat.

X L.

LES Soldats desdites compagnies du guet, qui manqueront à l'obéissance qu'ils doivent à leurs Officiers, en ce qu'ils leur ordonneront pour le service, seront punis de deux jours de prison, & subiront même une plus grande peine, suivant l'exigence du cas, par les ordres du Capitaine général, qui en rendra compte au Secrétaire d'État ayant le département de la Marine.

X L I.

A l'égard des cas qui n'ont point été prévûs dans les dispositions portées par le règlement du 2 mai 1712, par rapport aux jugemens à rendre pour les crimes & délits militaires qui seront commis par les Milices Garde-côtes, & qui ne se trouvent point également dans l'ordonnance du 5 juin 1757, l'intention de Sa Majesté est que le Conseil de guerre se conforme à son ordonnance sur les crimes & délits militaires pour les troupes de terre; défendant cependant à tous les Officiers assemblés pour juger lesdits crimes & délits commis par les Miliciens Garde-côtes, de faire exécuter les jugemens qu'ils rendront, qu'après en avoir reçû l'ordre de Sa Majesté par le Secrétaire d'État ayant le département de la Marine, auquel lesdits jugemens seront envoyés.

X L I I.

VEUT Sa Majesté que les Milices Garde-côtes aient la liberté, dans le temps ordinaire, de vaquer à leurs travaux & affaires particulières, sans qu'il puisse leur être imposé aucune contrainte, corvée ou service journalier par leurs Officiers, qui ne pourront les assembler qu'aux jours indiqués par les Inspecteurs généraux pour les exercices & revûes, tant particulières que générales, & sur les ordres du Commandant général de la province.

XLIII.

VEUT au furplus Sa Majefté, que fes précédentes ordonnances & règlemens concernant la Garde-côte, foient exécutés felon leur forme & teneur en tout ce qui n'eft pas contraire au préfent règlement.

MANDE & ordonne Sa Majefté à Monf. le Duc de Penthièvre, Amiral de France, au Gouverneur ou Commandant général dans la province de Guyenne, & autres Officiers qu'il appartiendra, comme auffi à l'Intendant-Commiffaire départi en ladite province, de tenir la main, chacun en ce qui le regarde, à l'exécution du préfent règlement. FAIT à Verfailles le vingt-un octobre mil fept cent cinquante-huit. *Signé* LOUIS. *Et plus bas,* MASSIAC.

LE DUC DE PENTHIÉVRE, Amiral de France.

VÛ le Règlement ci-deffus, & des autres parts, à nous adreffé : MANDONS à tous ceux fur qui notre pouvoir s'étend, de l'exécuter fuivant fa forme & teneur. Ordonnons aux Officiers de l'Amirauté de le faire enregiftrer au Greffe de leur fiége, lire, publier & afficher par-tout où befoin fera. FAIT à Luciennes le vingt-quatre octobre mil fept cent cinquante-huit. *Signé* L. J. M. DE BOURBON. *Et plus bas,* Par Son Alteffe Séréniffime. *Signé* DE GRANDBOURG.

POUR LE ROI. { *Collationné aux originaux par nous Écuyer, Confeiller Secrétaire du Roi, Maifon, Couronne de France & de fes finances.*

ÉTAT

21. Octobre 1758. 690.

ÉTAT contenant la division & l'étendue des Capitaineries Garde-côtes de la province de Guyenne, que le Roi a arrêté, conformément au Règlement de Sa Majesté du 21 Octobre 1758.

LIEUX ET PAROISSES Garde-côtes.	NOMBRE d'hommes de chaque Compagnie détachée.	NOMS desdites COMPAGNIES.	LIEUX d'assemblée desdites COMPAGNIES.

Capitainerie de BLAYE.

LIEUX ET PAROISSES Garde-côtes.	NOMBRE d'hommes de chaque Compagnie détachée.	NOMS desdites COMPAGNIES.	LIEUX d'assemblée desdites COMPAGNIES.
VITRESAIS.			
Saint-Palais.			
Saint-Ciers de la Lande.			
Saint-Aubin.			
Saint-Simon.			
Saint-Louis.	100	Braud	BRAUD.
Braud.			
BLAYOIS.			
Étauliers.			
Anglade.			
Cartelègue.			
Eyrans.			
Saint-Andronny			
Fours.			
Saint-Genis.	100	Fours	FOURS.
Mazion.			
Saint-Seurin.			
Saint-Martin			

LIEUX ET PAROISSES Garde-côtes.	NOMBRE d'hommes de chaque Compagnie détachée.	NOMS deſdites COMPAGNIES.	LIEUX d'aſſemblée deſdites COMPAGNIES.

Suite de la Capitainerie de BLAYE.

Blaye Ville. Saint-Paul. Berſon. Cars. Plaſſac. Sainte-Luce.	100...	Cars..........	CARS.

La Capitainerie de BLAYE s'aſſemblera à CARTELEGUE.

Capitainerie de MORON.

BOURGÈS. Villeneuve Saint-Ciers-de-Caneſſe Gauriac Bayons Comps Saint-Seurin La Libarde Camillac Bourgville Tauriac Samonac. Lanſac	100...	Samonac.......	SAMONAC.
CUSAGUÈS. Saint-Gervais Preignac Cazelles Marcans Saint-Laurent Magrigne Pujeard Virſac	100...	Saint-Gervais...	SAINT-GERVAIS.

LIEUX ET PAROISSES Garde-côtes.	NOMBRE d'hommes de chaque Compagnie détachée.	NOMS desdites COMPAGNIES.	LIEUX d'assemblée desdites COMPAGNIES.
Suite de la Capitainerie de MORON.			
Saint-Andreas, Cusac, Saint-Antoine, Aubiés, Espessas, Fronçadais, Salignac	100...	Saint-Andreas...	S.T ANDREAS.
La Capitainerie de MORON s'assemblera aux carrières de SAINT-LAURENT.			
Capitainerie d'ENTRE-DEUX-MERS sur Dordogne & Garonne.			
ENTRE-DEUX-MERS. Ambès, La Grave-d'Ambarès, Saint-Loubés, Sainte-Eulalie d'Ambarès	100...	La Grave......	LA GRAVE.
Yzon, Caillau, Cameyrac, Saint-Sulpice, Vayres, Beychac, Sallebœuf	100...	Yzon.........	YZON.
Nérigean, Saint-Germain-du-Puch, Cadarsac, Camarsac, Arveyres, Baron	100...	Nérigean.......	NÉRIGEAN.

LIEUX ET PAROISSES Garde-côtes.	NOMBRE d'hommes de chaque Compagnie détachée.	NOMS desdites COMPAGNIES.	LIEUX d'assemblée desdites COMPAGNIES.

Suite de la Capitainerie d'ENTRE-DEUX-MERS sur Dordogne & Garonne.

LIEUX ET PAROISSES Garde-côtes.	NOMBRE d'hommes de chaque Compagnie détachée.	NOMS desdites COMPAGNIES.	LIEUX d'assemblée desdites COMPAGNIES.
Carignan			
Latresne			
Bouliac			
Floirac	100...	La Tresne.....	LA TRESNE.
Camblanes			
Cenac			
Loupes			
Ambarès			
Bassens & Carbon-Blanc	100...	Carbon-Blanc...	CARBON-BLANC
Lormon			
Roufiac			
Artigues			
Tresses & Melac			
Lignan			
Yvrac			
Montuchan	100...	Tresses.......	TRESSES.
Pompignac			
Fargues-Saint-Hilaire			
Bonnetan			
Cenon			

La Capitainerie d'ENTRE-DEUX-MERS sur Dordogne & Garonne, s'assemblera au Carbon-Blanc.

21. Octobre 1758. 492.

LIEUX ET PAROISSES Garde-côtes.	NOMBRE d'hommes de chaque Compagnie détachée.	NOMS desdites COMPAGNIES.	LIEUX d'assemblée desdites COMPAGNIES.

Capitainerie de LA MARQUE.

MÉDOC.			
Saint-Lambert . . . . Paüillac . . . . Saint-Julien . . . . Saint-Laurent & Sémignan . . Benon	100 . . .	Saint-Julien	SAINT-JULIEN.
Sainte-Gemme . . . . Cussac . . . . La Marque . . . . Listrac . . . . Moulis . . . . Arcins	100 . . .	La Marque	LA MARQUE.
Castelnau . . . . Avensan . . . . Soussans . . . . Margaux	100 . . .	Margaux	MARGAUX.
Cantenac . . . . La Barde . . . . Arsac . . . . Macau	100 . . .	La Barde	LA BARDE.
Ludon . . . . Parrampuyre . . . . Le Pian . . . . Saint-Aubin	100 . . .	Ludon	LUDON.
Blanquefort . . . . Le Taillan . . . . Saint-Médard	100 . . .	Le Taillan	LE TAILLAN.

La Capitainerie de LA MARQUE s'assemblera à MARGAUX.

LIEUX ET PAROISSES Garde-côtes.	NOMBRE d'hommes de chaque Compagnie détachée.	NOMS desdites COMPAGNIES.	LIEUX d'assemblée desdites COMPAGNIES.

Capitainerie de SOULAC.

MÉDOC.			
Verteuil			
Saint Sauveur			
Cissac			
Saint-Germain d'Esteuil . . .			
L'Hôpital-Saint Germain . .			
Prignac	100 . . .	Verteuil	VERTEUIL.
Huch			
Hourtin			
Ordonnac			
Saint-Yzens			
Potensac			
Blaignan			
Lesparre Ville			
Saint-Trelody			
Queyrac			
Vendays			
Gaillan			
Valayrac			
Jau	100 . . .	Saint-Trelody . . .	S.T TRELODY.
Loirac			
Dignac			
Begadan			
Civrac, *compris* Escurac . . .			
Saint-Christoly			
Boyentran			

21. Octobre 1758.

493.

LIEUX ET PAROISSES Garde-côtes.	NOMBRE d'hommes de chaque Compagnie détachée.	NOMS desdites COMPAGNIES.	LIEUX d'assemblée desdites COMPAGNIES.
Suite de la Capitainerie de SOULAC.			
Saint-Vivien . . . . Vensac . . . . Le Temple . . . . Soulac . . . . Talais . . . . Grayan . . . . L'Hôpital de Grayan	100 . . .	Saint-Vivien	SAINT-VIVIEN.
Saint-Seurin de Cadourne . . Saint-Seurin . . . . Saint-Estephe . . . . Brach . . . . Carcans	100 . . .	Saint-Estephe . . .	SAINT-ESTEPHE.
La Capitainerie de SOULAC s'assemblera à SAINT-TRELODY.			
Capitainerie de la TESTE-DE-BUCH.			
Parentis . . . . Biscarosse . . . . Sanguinet . . . . Mios . . . . Le Teys . . . . Cazaux. . . . . La Tête . . . . Gujean	100 . . .	La Teste.	LA TESTE.

manquera. MANDE & ordonne Sa Majesté aux Maréchaux de France commandant ses armées, aux Officiers généraux ayant commandement sur ses troupes, aux Gouverneurs ou Commandans dans ses Villes & Places, aux Inspecteurs généraux de ses troupes, aux Commissaires des guerres, & à tous autres ses Officiers qu'il appartiendra, de tenir la main à l'exécution de la présente. FAIT à Versailles le vingt-deux octobre mil sept cent cinquante-huit. *Signé* LOUIS. *Et plus bas,* LE M.AL DUC DE BELLE-ISLE.

A PARIS,
DE L'IMPRIMERIE ROYALE.

M. DCCLVIII.

www.ingramcontent.com/pod-product-compliance
Ingram Content Group UK Ltd.
Pitfield, Milton Keynes, MK11 3LW, UK
UKHW020235180726
13838UKWH00005B/2387